Veamos más estrellas

Joseph Otterman

✳ Smithsonian

Asesores

Brian Mandell
Especialista de programa
Smithsonian Science Education Center

Amy Zoque
Coordinadora y asesora didáctica de CTIM
Escuela Vineyard de CTIM
Distrito Escolar Ontario Montclair

Créditos de publicación

Rachelle Cracchiolo, M.S.Ed., *Editora comercial*
Conni Medina, M.A.Ed., *Redactora jefa*
Diana Kenney, M.A.Ed., NBCT, *Realizadora de la serie*
Emily R. Smith, M.A.Ed., *Directora de contenido*
Véronique Bos, *Directora creativa*
Robin Erickson, *Directora de arte*
Michelle Jovin, M.A., *Editora asociada*
Caroline Gasca, M.S.Ed., *Editora superior*
Mindy Duits, *Diseñadora de la serie*
Walter Mladina, *Investigador de fotografía*
Smithsonian Science Education Center

Créditos de imágenes: pág.17 Jeremy Stanley/Flickr (Creative Commons); todas las demás imágenes cortesía de iStock y/o Shutterstock.

Library of Congress Cataloging-in-Publication Data

Names: Otterman, Joseph, 1964- author. | Smithsonian Institution.
Title: Veamos más estrellas / Joseph Otterman.
Other titles: Seeing more stars. Spanish
Description: Huntington Beach, CA : Teacher Created Materials, [2020] | "Smithsonian." | Audience: Grades K-1
Identifiers: LCCN 2019039440 (print) | LCCN 2019039441 (ebook) | ISBN 9780743926010 (paperback) | ISBN 9780743926164 (ebook)
Subjects: LCSH: Light pollution--Juvenile literature. | Exterior lighting--Juvenile literature. | Astronomy--Juvenile literature.
Classification: LCC QB51.4.L53 O8818 2020 (print) | LCC QB51.4.L53 (ebook) | DDC 522--dc23
LC record available at https://lccn.loc.gov/2019039440
LC ebook record available at https://lccn.loc.gov/2019039441

Teacher Created Materials

5301 Oceanus Drive
Huntington Beach, CA 92649-1030
www.tcmpub.com
ISBN 978-0-7439-2601-0
© 2020 Teacher Created Materials, Inc.
Printed in Malaysia
Thumbprints.25941

Contenido

Estrella brillante 4

La contaminación de luz 6

Un nuevo día 12

Apaguemos las luces.................. 18

Desafío de CTIAM 20

Glosario....................................22

Consejos profesionales...............24

Estrella brillante

Estrella alumbrada, estrella brillante. ¿Veré esta noche una estrella radiante?

La contaminación de luz

Las luces de la calle pueden bloquear la luz de las estrellas. Esto se llama *contaminación de luz*. Puede causar problemas a la mayoría de los seres vivos.

El escarabajo pelotero necesita que el cielo esté oscuro de noche para orientarse.

Las luces brillantes causan contaminación de luz.

Algunos animales duermen durante el día. Están despiertos por la noche. Si hay demasiada luz, ¡quizás no se den cuenta de que es de noche!

Una tortuga marina verde hace su nido en una playa.

Ciencias

Tortugas en problemas

Algunas tortugas marinas salen a tierra firme de noche para hacer su **nido**. Pero no hacen nidos en lugares con mucha luz. Si no hay nidos, no habrá nuevas tortugas.

Las personas necesitamos oscuridad para descansar. El cuerpo se relaja cuando la luz es más **tenue**. También necesitamos oscuridad para dormir bien.

Pantallas más tenues

Las pantallas brillantes no te hacen
bien si tu habitación está oscura.
Hacen que sea más difícil dormir
bien. Para descansar bien de noche,
baja la luz de tus **dispositivos**.

Un nuevo día

Queremos menos contaminación de luz. Hay mucho que podemos hacer para lograrlo.

Para empezar, ¡podemos apagar las luces por la noche!

Después, debemos pensar en todas las luces fuertes que están al aire libre. Deben iluminar solo los lugares que necesitan luz.

Estas luces solo iluminan la escalera.

Estas luces iluminan incluso los lugares que no necesitan luz.

Por último, debemos controlar el **brillo** de las luces. Cada luz debe tener el brillo suficiente y nada más. No es bueno que haya demasiada luz.

Luces led

Usar las **luces led** incorrectas puede ser parte del problema. Las luces led más calientes iluminan con luz azulada. Son buenas para usar durante el día. Las luces led más frías iluminan con luz amarillenta. Son buenas para usar de noche.

el cielo de noche sin contaminación de luz

el cielo de noche con contaminación de luz

Apaguemos las luces

El cielo sin contaminación de luz parece un mar de estrellas. ¡Quizás un día podamos ver más de ellas!

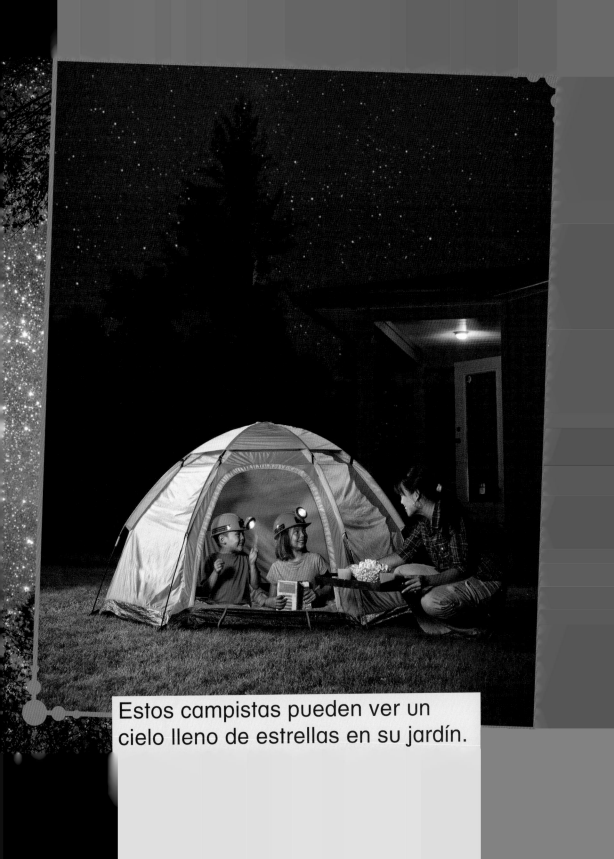

Estos campistas pueden ver un cielo lleno de estrellas en su jardín.

DESAFÍO DE CTIAM

El problema

Quieres disminuir la contaminación de luz en tu calle. Tu tarea es evitar que los faroles de la calle den demasiada luz. Las luces tienen que iluminar el camino, pero no el cielo.

Los objetivos

- Crea una cubierta para los faroles de la calle que enfoque la luz hacia abajo.
- Crea tu cubierta usando cualquier material que no se queme cuando está cerca de un foco caliente.
- Crea una cubierta que se pueda poner a prueba en una lámpara de mesa.

Investiga y piensa ideas

¿Cuál es el propósito de las luces de la calle? ¿Cómo puedes enfocar la luz?

Diseña y construye

Dibuja tu plan. ¿Cómo funcionará? ¿Qué materiales usarás? ¡Construye tu cubierta!

Prueba y mejora

Coloca tu modelo de cubierta en una lámpara de mesa. Enciende la luz. ¿La luz ilumina hacia arriba? ¿La luz solo ilumina hacia abajo? ¿Puedes mejorar tu cubierta? Vuelve a intentarlo.

Reflexiona y comparte

¿Qué tan ancho puedes hacer el haz de luz sin que la luz se extienda demasiado? ¿La cubierta ayudaría a disminuir la contaminación de luz?

Glosario

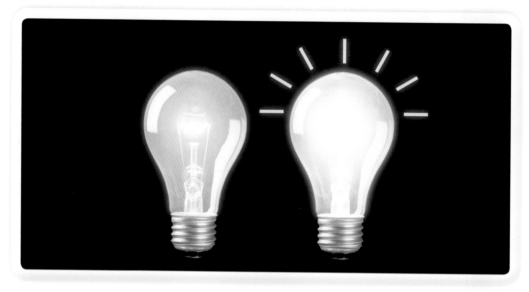

brillo

dispositivos

luces led

nido

tenue

23

Consejos profesionales
del Smithsonian

¿Quieres disminuir la contaminación de luz? Estos son algunos consejos para empezar.

"Apaga las luces de noche para ayudar a disminuir la contaminación de luz. ¡Verás que tiene muchas ventajas!". *—Dra. Anne McDonough, directora asociada*

"Trabaja duro en ciencias, matemáticas e ingeniería en la escuela. Y siempre piensa de manera creativa. ¡Quizás se te ocurra una idea para disminuir la contaminación de luz!". *—Dr. Brian Mandell, director de la División de Currículo y Comunicaciones*